맨발의 꽃잎들

시에시선 **062**

맨발의 꽃잎들

강경아 시집

詩와에세이

차례__

제1부

여수 · 11
어느 토끼의 겨울밤 · 12
고목(枯木) · 14
어머니의 수첩 · 16
오땅 할아버지 1 · 18
오땅 할아버지 2 · 20
오땅 할아버지 3 · 22
주간보호센터 · 24
외노루발 · 26
중환자실 · 28
미평 수원지에서 · 29
나의 대홍 씨(氏) · 30
우리 동네 최 사장 · 32

제2부

청년 레이 1 · 37
청년 레이 2 · 38
청년 레이 3 · 40
오늘도, 전태일 · 42
바닥 · 44
노숙의 랩소디 · 46
을지로 공구거리 · 48
씨앗의 속도학 · 50
슬기로운 당신의 권리 · 52
방울토마토 1 · 54
방울토마토 2 · 56
솎아내기 · 58
우리는 살고 싶다 · 60
사과꽃 피는 밤 · 63

제3부

다랑쉬굴 · 67
귀향(歸鄕) · 68
이장(移葬)하는 날 · 70
우리가 오월이다 · 72
무등산 · 73
오월의 어머니 · 74
오월의 둘레 · 76
여순의 푸른 눈동자 · 78
애기섬 · 80
저 바람은 기억하리 · 82
다시, 팽목항에서 · 84
민주야, 평화야 · 86

제4부

당신의 방(房) · 91
누룽지 · 92
에디터 · 94
복어 · 96
추천합니다 · 97
스페인 광장에서 · 98
연탄재 · 100
드라이플라워 · 102
이레이져 · 103
시(詩)와 에세이 · 104
시민 속으로 찾아가는 시화전 · 106
집으로 가는 길 · 108

해설 · 111
시인의 말 · 135

제1부

여수

첫사랑을 닮은 바다 풍경처럼
적막이 사무치면 바다가 되었다
좌석에 꽂혀 있는 여행 잡지처럼
펼쳐보지 못한 계절처럼

잠깐 동안의 온기
한 줌의 햇살과 바람, 구름
물빛을 닮은 고요의 풍경이 좋았다

설익은 빛깔이 거칠어서 좋은
생의 어긋난 통점들이
불쑥불쑥 얼굴을 내미는 곳

가슴 먹먹하도록 당신이 그리울 때
변방의 아랫목처럼 깊고도 푸른
여수,
여수로 오시라

어느 토끼의 겨울밤

 학다리 오일장에 다녀온다더니 날이 저물어도 돌아오시지 않아요 영산포 나룻배는 잘 건너셨을까요 흰 눈 펑펑 쏟아지는데 먼 길을 어찌 오가시려는지요 문밖을 한참 서성여요 언 발가락을 종종거리며 깡충깡충 뛰어요 또다시 마중 나가려는데 두 살배기 동생이 칭얼대며 울먹여요 나도 덩달아 눈이 벌겋게 부풀어 올라요 굶주린 소리를 어르고 달래요 그리움도 별빛으로 물이 드는데 엄마는 오시지 않고 문풍지가 방문을 때리며 다그쳐도 쫑긋쫑긋 자꾸만 자라나는 귀, 바싹바싹 마른 귀, 오도독오도독 고드름 같은 귀, 삐쭉삐쭉 날이 서는 귀, 몰아치는 눈보라에 먹먹해진 귀, 찬 바닥에 쪼그리고 앉아 토끼 네 마리, 방문 앞을 지키고 서 있네요

 아이, 영순아, 영순아
 저 멀리 희미하게 들려오네 울 엄마 오시는 소리 들려오네 서른두 살 과부 인생, 살아보겠다고 휘날리는 눈보라 앞세우며 장사 밑천 한 보따리 머리에 이고 돌아오시네 미끄러질세라 고무신을 꽁꽁 동여맨 새끼줄이 다 풀

어진 채, 손을 흔드시네 홀로 차가운 눈밭을 깡충깡충 걸어오듯 내게로 오시네 따스한 장작불 같던 온기는 어디로 가고 차디찬 링거를 달고 오시네 흰 눈 지그시 밟으며 돌아오시네 열네 살 내 유년의 속살을 찢고 고통으로 오시네 남은 모든 생이 전이된 채, 내게로 오시네 문풍지처럼 떨고 있는 나를 보며 손을 흔드시네 손을 흔드시네

고목(枯木)

한차례 폭풍이 휩쓸고 지나간 자리
잎과 나뭇가지가 다 부러진 채
맨 몸뚱어리가 되어 덩그러니 누워 있다
발목이 잘려 나가 버린 고목
고추밭 고랑과 이랑이 첩첩인데
볕을 쬐시는 중인가

벨소리는 다그치듯 울려대고
소리는 메아리가 되어
멀리 에돌아가 버리고
날은 저물고
대답은 아니 들리고
축축이 이슬은 맺히고
바싹 마른 눈들은 안절부절못하고

서서히 흙이 되어 가시느라
적막 같은 속창을 열어젖혔나
구멍이 숭숭 뚫린 검붉은 이파리

벌레에게 다 나눠주시며
빈 들길을 걸어가는 어머니

어머니의 수첩

암종운것, 로알재리
오매쓰리, 공팟조심

남산판축소, 대홍씨치메사담
진다래요양언 저나하기

쑥생강끄러서혈관조아
드깨요리잡채재료대지등심요리방버

자음과 모음이 바지춤을 잡고 뒤엉켜
식탁 위에 덩그마니 누워 있다

피고 지는 계절이 소리 없이 지나가고
남산동 원예농협 중매인 55 번호가
뭉툭하게 부풀어 오른 작은 수첩 중앙에
훈장처럼 딱 붙어 생글생글 웃고 있다

늦깎이 일흔에 배운 문자메시지가

심각하게 골똘해져서는

―오늘또수엽있니 밥은묵어니
―경아야미안태한라봉보내다

한글도 깨우치지 못한 어머니의 목소리가
휴대폰 문자 비행기를 타고
고요한 생의 모서리 어디 부근쯤
두리번두리번 돌고 돌아 안착할 때

꾸욱 꾹, 힘주어 눌러쓴
내 생의 가장 안전한
면역력 증진 건강 비책(秘策)이
내 눈시울을 톡, 톡, 톡 건드리며
손때 묻은 안부를 묻는다

오땅 할아버지 1

손톱에 박혀 있는 까만 때야 안녕
벌겋게 충혈된 눈동자도 안녕
맵고 쓰라린 이녁의 사연들도 안녕
주공마트의 대명사 오땅 할아버지
논바닥처럼 갈라진 손이지만 야무지게
대파, 쪽파, 양파, 마늘 까기의 달인이지

―내 맘대로 부르는 게 값이여
―덤으로 사과도 하나 더 가져가잉

유독 오땅 할아버지만 찾는
두 손이 흐뭇한 고객의 입꼬리
할머니의 울화통은 울긋불긋
천불은 여기저기서 번뜩번뜩
기억나지 않는 걸 말해 뭐 해

―오메, 내가 왜 그랬을까잉

머리를 긁적거리며 갸우뚱갸우뚱
염치 불고 할아버지의 뒷짐 표정은
여전히 염화미소(拈華微笑)
이유 없이 최 서방을 부르며
줄행랑을 치는 오땅 할아버지

오늘만 세 번째
무한 인심(人心) 기부 중이다

오땅 할아버지 2

할아버지는 또 줄행랑을 치시고
그 뒤를 바짝 쫓아갑니다
온 동네 골목골목이 휘청거립니다
저 멀리, 접힌 이맛살이 펴질 때쯤
신발을 대뜸 벗더니 구두 밑창에서
꼬깃꼬깃 시큼털털한 만 원짜리 두 장을
꽉 쥐고 어디론가 사라져버립니다

―느그, 아부지를 또 놓쳐부러써야
―암만 찾아도 업써야
―이번엔 칠순 시계가 업써져부렀는디
―어쩐다냐, 어째야쓰까잉

벚꽃나무가 환하게 뻗어나가는 저녁
부스럭거리는 인기척에 빼꼼히 내밀어보니
꽁꽁 동여맨 손수건을 만지작만지작거리며
조심조심 움켜쥐는 그림자 하나
옥상 달빛 지붕 아래

꼭꼭 숨었는데

―영감, 거기서 머하요!

새하얗게 굳어버린 그림자의 표정도
달빛에 쨍하고 부서져 내렸다

오땅 할아버지 3

이팝꽃이 주렁주렁 열렸다
꽃밥 뜸들이는 냄새가 구수하다
모처럼 주공마트에 장바구니 한가득
대기 손님들이 줄을 지었다

―어이, 여기 소주뱅 바꾸러 왔소잉

하필 이렇게 바쁠 때 찾아온 손님

―아부지, 바쁜께 뱅 좀 대신 시주시요잉
―최 서방, 뱅 열세 뱅이여

헐레벌떡 한차례 정산이 끝나고 난 뒤
저 많은 병을 언제 다 세나 걱정이 되던 차

―아부지, 뱅이 어딨소
―쩌어기, 빡쑤에 안 인냐

신라면 박스를 열어 보니 아뿔싸,
조촐하다 못해 듬성듬성 소주 열세 병이
최 서방을 보며 웃고 서 있다

―아부지, 백 열세 뱅이라믄서
―아이 이눔아, 내가 언제 그랬냐
  뱅이 열세 뱅이라고 했쩨

온데간데없이 사라져버린 그 노인네
코를 씩씩거리며 쫓아가는 오땅 할아버지

―그노무 영감탱이 잡히기만 해봐라 쥑이뿔란다

이팝꽃이 화창하게 쨍쨍거리며
후두둑후두둑 떨어지는 그런 날이었다

주간보호센터

가기 싫다며 떼를 쓰며 울던 아버지
이름표를 차고 실내화를 신고 등교합니다
낯선 공간, 어색한 사람들, 모든 게 새로운데
한 발 물러섰던 두려움도 봄날처럼 풀렸는지
어리둥절 출석 체크, 교정이 쩌렁쩌렁 울리도록
한 팔을 번쩍 들어 신고식을 합니다

아침 율동으로 어르신들과 눈인사하고
낱말 잇기, 컵 쌓기 누가 누가 잘하나
흰 나비에 울긋불긋 색동옷도 입혀주고
예쁜 화단을 만들어 어떤 자식에게 줄까
주고받는 대답에 덩달아 웃음꽃이 핍니다
가족을 떠나 헛헛했던 마음도 수박 나무
백설기 숲 간식으로 넉넉하게 채웁니다

아카시아 교정에 울려 퍼지는 노랫소리
꿈쩍 않던 아버지가 엉덩이를 흔들며

─내가 미워도 한눈팔지 마
─그래도 언제나 너는 내 여자*

반전이 있는 남자로 인기남의 별명까지
무아지경 별천지 주인공이 되었습니다

무릎 장화 마사지, 전신 안마, 목욕까지
걱정 근심 긴장은 온데간데없이 사라지고
온몸이 노곤노곤 한숨 푹 자고 눈 떠보니
내일 또 만나요, 하교할 시간

방긋방긋한 아버지의 하루가 지나갑니다

*대중가요 「너는 내 남자」 변용

외노루발

노루발이 고장 나면서부터
고약한 심술마저 자제력을 잃었다
실밥처럼 줄줄이 새어 나오는 오기(傲氣)를
적당히 눌러주는 이가 없으니
그놈의 염불은 천불이 솟구칠 때마다
경전처럼 읊조려 보는데

―죽자니 청춘이요, 살자니 고생이라
―나비아비타불 관세이보살!

두 눈을 지그시 감으며
갈지자로 인생막장 쏟아 붙이는데
밑장을 빼던 그 순간에도
능청스러운 팔순 아버지 앞에서는
그 어떤 노루발도 무용지물이다

너도나도 모르게 큰사위, 작은사위, 아들, 딸
순회를 돌며 얼어붙었던 주머니가 열리면

만 원, 이만 원 목돈을 모아 떠나는 길
사장님이라 상냥하게 호명해주는 드루와게임장

―외출 시 코인을 충분히 넣어주세요

주인도 없는 55번 빈 좌석에
빙그르뱅그르 무인 코인이 잘도 돌아간다
화면 속 무릉도원 춤추는 여인들은
어서 오라 손짓을 하는데
아버지는 온데간데없이 사라져 버리고
실타래처럼 엉켜버린 어머니의 긴 한숨만이
재봉틀 노루발을 꽉 깨물고 있다

듬성듬성 시접을 벗어난 길 잃은 발들
철거된 골목을 맨발로 기어 다니시던 그날처럼
삐거덕거리는 외노루발을 끌면서
아버지는 또 어디를 헤매고 계실까

*외노루발: 재봉틀 바늘이 오르내릴 때 바느질감을 알맞게 눌러주는 노루발로써 두 갈래 중 한 쪽 갈래만 있는 것을 말한다.

중환자실

54
33
20
0
30
0
……

머언 길 떠날 채비를 끝내셨는지
여리게 가라앉는 호흡이 이내 고요하다
삶과 죽음이 이렇게 가까운데
목련꽃도 벙그러져 웃고 있는데
아직 온기가 남아 있는 당신의 가슴에
얼굴을 묻고 가만 가만히 기울이면
생의 저편에서 들려오는 목소리

울지 마라
울지 마라

미평 수원지에서

바람과 햇살이 좋은 날
흐르는 호숫가 물결을 따라가면
마주할 수 없는 높이처럼
닿을 수 없는 거리처럼
당신을 만날 수 있습니다

반쯤 잠겨버린 버드나무 한 그루
부러져버린 뼈마디를 힘겹게 붙잡고
늘 함께했던 그때처럼,
마치 제 몸인 듯
남은 생을 움켜쥐며
그렇게 살아내고 있었습니다

환상지통(幻想肢痛)을 앓고 있는
한 생이 보였습니다

나의 대홍 씨(氏)

골목은 더 어두워졌다
굽이굽이 지나온 생의 염증들이
뿌연 안개처럼 고요히 스며들어
폐 숲은 끝내 자갈사막이 돼버렸다
공중에 흩어지는 호흡을 붙잡느라
불거진 목울대가 하늘로 더 팽팽해졌다

툭 툭 터져버리는 짓무른 꽃잎들
누렇게 부어 오른 그물맥 손아귀가
쥐어지지 않고 맥없이 풀릴 때
발끝에서부터 굳어오는 골목들이
수만 갈래 주름진 빗살로
심장을 향해 먹먹하게 다가올 때
눈물의 결절(結節)에 대해 이야기하자
투명한 마른기침을 뱉어내며
뻑뻑해진 눈꺼풀을 끔벅거리는
당신의 웃음에 대해 노래하자

링거대 꽃등 열매가 주렁주렁 열렸다
쨍쨍거리며 제 살 부딪히는 숲 소리
이마를 짚고 들여다보는 바람은
얼굴을 비벼대 보기도 하면서
새소리를 불러 모으고
나비들은 흩날리는 벚꽃잎 날개를 달고
푸른 하늘 위로 부고장을 날린다
산화(散華)되는 이승의 마지막 길목
딱딱한 골목 하나 누워 있다

우리 동네 최 사장

오지 않는 손님을 기다리며
얼어붙어 버린 수족관을 닦아낸다
활어차도 녹이 슨 채 쓰러져 있다
부르튼 손등처럼 벗겨진 간판들
쩍쩍 갈라지는 마음의 길에
한숨 소리가 절로 나온다

하루 매출 두 테이블
회 한 접시 뜨기 어렵다고
취하지 않고서는 버틸 수가 없다고
하루하루를 대출로 돌려 막고
조금만 더 버텨보자고
오갈 데 없는 직원들을 껴안는다

숨죽여 흐느끼다가
어쩌다 눈이라도 마주치게 되면
텅 빈 가게가 너무 애틋해져서
여기가 바로, 적막한 울음바다구나

영업제한 집합금지 명령 앞에서
우리의 일상은 멀기만 하여서
주체할 수 없는 눈물처럼
아득하기만 하여서

바다가 걸어놓은 섬 하나
식구들 얼굴처럼 덩그마니
술잔 위로 떠오를 때면
다시 시작할 수 있다고
다시 살아야겠다고
푸르게 날이 선 지느러미를 달고
짜디짠 비린내 풍기면서
펄떡거리며 날아오르는
우리 동네 최 사장

제2부

청년 레이 1

  출구가 없는 길을 빙글빙글 돌았어 신호등도 없는 길을 무작정 달리고만 싶어 밤새 쫓아오는 강박도 무력감도 수치심도 찌그러진 깡통처럼 차버리면 그만이니까 그냥 받아버리는 게 청춘이라잖아 눅눅하게 숨 막히는 방 구석에 누워 별 하나 보이지 않는 천장을 바라보다가 알바천국 이력서의 계단을 오르기도 하면서 하늘보다 더 높다는 정규직 사원증을 떠올려보곤 해 바닥의 햇무리구름이라도 타보고 싶어 피시방은 재미와 감동을 주는 우리들의 휴식처 인생 베팅의 구세주 우주여행 달나라 비트코인이 최고지 사장님 개소리 왈 왈 왈 슬기롭게 소비되는 인턴들에게 외로울 땐 전화주세요 하 하 하 바코드처럼 찍히는 밤의 문신들 압류딱지처럼 낙오된 감정들이 번호판도 없이 대적반*을 향해 돌진하는 레이

*목성 표면의 적갈색 소용돌이

청년 레이 2

 대척반 구름 소용돌이 속에서 목숨 걸고 시작한 창업, 최상의 품질과 서비스 앞에서 세상과 정면 승부하겠다는 말, 그래 청춘이니까 결의에 찬 눈빛과 그 열정으로 깃발만 잘 꽂으면 성공 신화를 꿈꿀 수 있다잖아 사방 3km, 깃발 열 개를 꽂는데 팔십팔만 원, 도대체 얼마를 더 꽂아야 순살만 닭다리는 더 빠르게 질주할 수 있을까 우리 집, 너희 집, 옆집, 뒷집 상관없이 쥐도 새도 모르게 깃발만 먼저 꽂아버리면 그만이지 너도나도 메인화면에 상단 노출도 머니머니가 필요해 어머니머니는 용돈도 이젠 안 주시는데 머니는 계속 머니머니를 부르고 머니머니는 나를 어리버리 초짜라고 멀리하고 머니가 만들어낸 민주공화국 이게 머니?

 매캐한 파우더를 눈꽃처럼 감싸는데 칠백 원, 보다 곧고 우아한 순살만 닭다리 한 마리가 청정한 튀김 풀장으로 보글보글 입수(入水)하는데 육천 원, 각양각색의 매코롬 달코롬 토핑소스가 천 원, 사각사각 사각무가 삼백 원, 톡 쏘는 코카콜라 오백 원, 깔맞춤 포장지 박스 천 원,

부릉부릉 배달비가 이천 원, 요기요기요 보라고 건당 수수료, 카드 수수료 이것저것 다 떼고 보니~ 남은 건 사천오백 원짜리 한숨뿐, 재수 없이 접시 하나 깨져버리면 오늘 장사는 헛장사 도긴개긴

   인생은 인맥보다 치맥이라고 누가 말했니 매출 카드결제 입금은 이삼일이 지나서야 통장으로 입장한다는데 텅 빈 주머니 속 달래기도 전에 육계닭 외 모든 발주는 선입금해야 합니다 이건 또 머니? 청춘! 그대만큼 사랑스러운 사람을 본 일이 없다*고 LED 광고판이 그라데이션하게 반짝이며 웃고 있는데, 배달의 민족 주문~ 배달의 민족 주문~ 땡 동 댕 동 이 경쾌한 소리는 머니?

*김남조, 「편지」의 한 구절

청년 레이 3

　할아버지 장례를 치르고 그 밑천으로 마련한 가게 어둑어둑해진 거리에 하나둘 간판 불이 켜지고 가난한 치킨집 밤하늘에도 별이 떠요 크고 작은 별들이 도란도란 어깨를 기대며 빛을 내는 익명의 밤 차라리 별이 뜨지 않는 밤이 좋았을까요 제보자는 기본 염지가 맵다고 동종업계만 아는 전문용어를 써가며 어린이는 못 먹겠다는 트집을 잡아 별 하나를 투척해요 맛에 대한 친절한 안내도 내가 안 보면 그만이지 어쨌든 내 입맛과 취향에 맞지 않다잖아! 별나라 공화국에서 별 하나는 간판 내리라는 말처럼 절체절명의 치명타

　아차차 긴 머리카락은 또 어디서 굴러왔나요 숏커트에 염색도 안했는데 누가 왔다 갔나요 너도나도 몰래, 하필이면 장거리 배달이라 이상타 했지요 드실 거 다 드시고 환불이라뇨 친절하게 사진까지 찰칵, 어쩌라고요 또다시 별타령에 니나노 니나노 완창을 읊고 있네요 요식업만 골라골라 환승해가며 불편한 머릿속을 후벼파놓는 좀벌레 환불 기생과 재주문 공생이 먹이사슬처럼 돌고 도는

별별 손님 생태계 새우튀김 한 개를 환불해달라는 악성 테러에 시달리다 다시는 돌아오지 못할 곳으로 가버린 분식집 아저씨가 와이파이처럼 붕붕 떠다녀요

  우리 손자 걱정 마라잉 다 잘 될 거신게잉 마지막 메아리가 자꾸만 깜박깜박거려요 간, 쓸개 다 내려놓아야 닭똥 같은 눈물처럼 하나둘씩 켜지는 다섯 개의 별 퇴화된 날개를 접고 쪼그리고 앉아 끔뻑끔뻑 밤하늘을 쳐다봐요 눈치도 없이 빳빳하게 고개를 쳐드는 닭벼슬이 꺾이요~ 꺾이요~ 별에 울고 별에 웃는 이곳은 별천지, 지도에도 없는 리뷰의 나라

오늘도, 전태일

 목을 매단 하루가 목장갑처럼 말려 들어가고, 비명도 숨죽인 채 빨려 들어가요 석탄가루가 폭설처럼 내려요 육중하게 파열되는 기계음들의 협주곡 발목까지 쌓인 눈을 밟으며 춤을 춰요 뿌연 어둠 속에서 조명도 없이 무대도 없이 동료도 없이 싸늘한 독(毒)무대가 되어요 좁은 통로는 우리들의 안식처 작업대 문틈에 끼거나 컨베이어 벨트에 껴버린 우리들의 핏빛 꿈들, 잘려 나가 버린 희망들, 한껏 부풀다 터져버려요

 접근금지

 머리띠를 두르며 주먹을 불끈 쥐어요 굳게 닫힌 철문 앞에서 곡소리가 외벽을 타고 넘어가네요 두꺼운 갑옷을 입고 무장한 지네 한 마리, 하늘을 향해 발길질 한번 못 해보고 훈장처럼 찍혀 두개골에 박혀 있어요 딱딱하게 굳어버린 박제된 발들, 푸른 하늘을 향해 덩그러니 누워 있네요 여전히 제 몸을 활 활 활 태우며 당신을 부르고 있네요

사르락사르락 대나무숲으로 찬바람이 불어와요 어머니

바닥

바닥은 바닥에서 더 내려다봐야 한다
그 앞에선 누구나 무릎을 꿇게 만든다

고집 센 졸음들이 모여 사는 곳
낙오의 시간이 딱딱하게 벗겨진 자리다
바짝 눌어붙어 떨어지지 않는 저 악착들

누군가 씹다 버린 껌들도
여기저기 웅성웅성 꽃을 피웠다

마른버짐 같은 속살들이
으깨진 밥알처럼 뒹군다

더 이상 필 수 없는 꽃들로
하관(下官)을 장식하는 밤

자발머리없는 만담꾼들도
바닥의 깊이를 안다는 듯

혀를 차며 생선뼈를 챙긴다

바닥은 바닥이 알아보는 법
바닥이 서로 기대고 맞대어
서서히 몸을 일으킨다

맨발의 족적이 향불이 되어 타 오른다
부뚜막 같은 온기가 들불처럼 퍼져나간다
견고한 성체(聖體)가 되어 다시,
걸어 나오는 바닥

또 한 명을 보냈다

노숙의 랩소디

문자메시지를 뚫고 나오는 압류 고지서들
그럴듯한 명분으로 집행된 해고 통지서까지
녹슨 대문 담벼락을 강제 진압하고 있어요

먹구름처럼 몰려오는 거대한 행군 앞에서
찬 바닥에 압사체로 갈겨쓴 말
살아야겠다고 죽기를 다짐해요

생존이 압사되는 오늘도
서로의 어깨를 내어주는 밤의 절규가
당신의 유서처럼 아파요

우리들의 위대한 노숙
뼈아픈, 한 시절 청춘이 절단난 채
당신은 오늘도 찢겨진 콘크리트 손바닥으로
굴뚝까지 올라오는 한기(寒氣) 쫓아내요
더 날카로운 죽창이 되어요
스스로 빛이 되는 작은 별들이 되어요

땅바닥 굳은살처럼 창백해진 비닐 천막에도
꿈틀꿈틀 노숙의 밤은 흘러
삶의 밑창까지 닳아버린 안전화 뒤축을
밤새 일으켜 세워 공장 앞으로
나란히 나란히 오체투지 날갯짓을 펼쳐요

을지로 공구거리

오래된 간판처럼 멈춰 서 있다
가족보다 더 많은 시간들을 함께한
기술 제일 을지로 공구거리 장인들
탱크도 로봇 태권V도 문제없다던
금속 오빠, 용접 오빠, 목수 오빠
60, 70년대 제조업을 주름잡던
젊은 오빠들은 다 어디로 갔을까

지글지글 곱창에 소주 한잔
칼칼한 칼국수로 속풀이는 기본이지
58년 전통을 자랑하는 단골식당 누이는
아흔의 노모를 모시고 어디로 가야 하나

먹먹해진 하늘이 높게 걸려 있다
재개발 땅에 비켜선 장인들
입술이 굳게 닫힌 철문들
길 앞에서, 길을 막고
사람 앞에서 사람을 내치는

일 앞에서 폐업을 강요하는 이곳에
개발이라 쓰고 자본의 괴물이라 읽는다

세련된 도시 빌딩숲 사이를
성큼성큼 밀쳐내며 들어오는 타워 크레인
붉은 아가리를 시퍼렇게 벌리고 있다

씨앗의 속도학

전대미문 코로나19 강타로
꽃 피는 봄도 개장 폐업 중이다
모든 것이 멈춰버린 실업의 봄

고추, 토마토, 깻잎, 상추
초짜 농부들의 4대 품종은 물론이고
비트, 브로콜리, 콜라비, 작두콩, 단호박
낯선 작물들이 네 평 고랑과 이랑을 넘어
최저임금을 훌쩍 넘긴 모종값을 치렀다

난데없이 주말농장 텃밭을 가꾸라니,
돌덩이 같은 이 계절에 싹을 틔우라니
입소 이 주째 여섯 평 자가 격리 중이다

불어나는 확진자의 가속도처럼
얼어붙은 봄밤에 시달리면
스스로 사생아가 되어버린 씨앗들
어린뿌리와 새싹의 씨껍질도

거세된 광합성에 파업을 선언했다

자가 호흡이 어려운 모종 대부분은
조문객도 없이 폐기처분 되었다 다만
시위 대열에 흩어져 직파된 씨앗들만
각개전투로 잠복한 어둠에 스며들었다

직파된 뿌리의 시간이 깊다
쩌억 갈라지는 어둠의 틈새로
가만가만히 머리를 쑤욱 밀어 올리는 새싹들
하나둘 손을 잡고 자갈과 돌덩이를 밀어올린다
발아된 떡잎들에게 기다림의 거리를 배운다

꼬물꼬물 문자로 전송되는
파릇파릇한 생명의 얼굴들
텃밭을 일구는 노동의 소리들
1년 계약 비정규직 땅에 출하되는 봄이다

슬기로운 당신의 권리

의료계 무기한 파업, 의사들의 권리니까
임금 인상 파업, 노동자들의 권리니까
8·15 광화문 종교 집회, 메시아의 권리니까
코로나 무증상 감염 탈출 놀이도
5·18 망월동 묘지에 낯선 이의 무릎 사과도
모두들 묻지 마, 생존권 투쟁이라지

이판사판 막 나가는 가짜 뉴스가 판을 치는 나라
진흙탕 난타전 억지 막말, 밥그릇 투쟁의 나라
안면몰수 몰염치 몰상식이 차고 넘치는
법보다 당신의 권리를 먼저 존중해주는 나라

자유가 또 다른 자유를 억압하는 민주주의여
아, 이 땅의 자유여

수해로 인한 대참사도 아직 끝나지 않았는데
떠내려간 소들도 아직 집으로 돌아오지 못했는데
집과 논과 밭도, 축사 비닐하우스도, 오일장 일터도

우리들의 권리는 방수벽을 뚫고 침수되어 버렸다

2.5평 월세 100만 원, 텅 빈 계산대 앞에서
파리채만 휘두르는 우리들의 권리는
속수무책 도산의 위기 앞에서 또 무릎을 꿇었다

창궐하는 코로나19 바이러스는
당신들의 권리를 등에 매달고 온누리에 훨 훨 훨
당신들의 무궁무진한 무지갯빛 희망 아래 우리들은
병상을 기다리다 기다리다 죽어버리면 그만이니까
그래도 태극기를 흔들며 손에 손을 잡고
광화문 구원의 거리로 쏟아지는 당신의 권리

우리들의 일상, 우리들의 권리
어느 것 하나 건질 수 없는 생명 앞에서
진정한 투쟁이란 무엇이란 말인가

방울토마토 1

가지를 치지 않았다
얼키설키 뻗어나간 잔줄기들은
마치 본류인 듯 제법 잎이 무성해졌다
고귀한 혈통을 잇는다는 명분으로
가계 족보에 이름 석 자 올려볼 심사로
도톰하게 살이 오른 줄기는
본채를 휘어 감다 못해 멱살을 잡았다
결국 주인의 손에 잘려 나가
구석진 텃밭 별채에 뿌리를 내렸다

믿고 보는 새끼들 주렁주렁 매달고
주인처럼 으스대며 세를 넓혔다
또 다른 줄기가 뻗어나가 큰집 작은집
별채가 소란스레 들썩이던 날
열무 꽃대 위 배추흰나비도 떠나버리고
풀 비린내만이 숨 막히는 정적을 가득 메웠다

누가 본류인지 지류인지

함께하자던 우리는 어디로 갔을까
뿌리의 기억을 더듬어보다가
네 평 텃밭이 쩍 쩍 쩍 쪼개지는
여름 한낮
찌르레기 소리만 무성하다

방울토마토 2

간밤에 천둥 번개가 몰아쳤다
본채와 별채의 분별없는 대립 구도가
결국 장마전선을 북상시켰고
집중호우를 동반한 정체전선*은
네 평 텃밭을 무기력하게 했다
시끄럽게 울어대던 찌르레기들도
유심천(唯心川) 기압골에선 굳게 입을 다물었다

텃밭은 안녕하신가

호우주의보에 창백해진 입술들은
비 개인 오후가 되어서야 화기가 돌았다
대기가 불안정한 안개 장막을 걷어내니
본류니 지류니 할 것 없이
서로가 서로를 껴안고 기대며
안간힘을 다해 버티고 있었다
바람의 채찍 앞에서 하나가 되었다
끝끝내 홀로 독존(獨尊)하겠다고

머리를 꼿꼿이 세운 몇몇은
허리가 꺾인 채로 생을 마감했다

아직 설익은 방울토마토들이
여기저기 떨어져 흩어져 있다
땅에서부터, 바닥에서부터, 다시
스스로가 스스로에게 붉게
더 푸르게 익어가고 있었다

*서로 다른 성질이나 세력이 비슷한 두 기단이 만나게 되면 거의
 같은 곳에 머무는 전선

속아내기

뒤늦게 망설이다 심었던 농작물
모두가 김장 수확이 한창인데
나의 텃밭은 속을 채울 마음이 없나 보다
무, 배추가 생기다 말아버렸다

주말농장 구획을 정리한다고
모든 작물을 알아서 처분하라니
책임지지 못할 생명을 틔워놓고
이제 와서 난감해진 초짜 농부

꼼지락꼼지락 달그닥달그닥
어깨를 부딪히며 뿌리를 내린
하모니카 다세대 주택들
깡마른 눈들이 다닥다닥
비좁고 촘촘한 시간들이
악이 바쳤는지 맵다 못해 아리다

어떻게든 먹어 보겠다고

뿌리째 뽑아 기어이 집으로 들였다
간 맞춰 내놓은 동치미가
아삭하게 씹히더니
미련처럼 맵고 짜고 쓰고 아리다

솎아내지 못한 생각들
덜 익은 말과 행동들이
배 속을 휘휘 저으며
속을 뒤집고 배앓이를 만든다

애초에 서로가 서로에게
거리두기를 하지 못한 까닭이다

우리는 살고 싶다

위드 코로나로 함께 가자더니
이젠 오미크론이 아가리를 벌린다
변종 바이러스 활주로 앞에서
속수무책 무기한 휴업 중이다

람보르기니를 몰고 쌩쌩 달렸던
건너편 희망노래방 김 사장
밀린 월세, 급여, 공과금들이
거미줄처럼 엉겨 붙어
숨통을 조여올 때면
공사판 막노동으로
골목 식당 주방 알바로
어디든 불러만 주세요

달빛 야식집도 접고
행복 치킨집도 접고
청춘 맥줏집으로 막차까지 갈아탔는데
와글와글 손님들은 어디로 가고

지하 단칸방에서 부풀어 오르다가
거품처럼 한 장의 유서로 남았나

정부 지원은 잎새처럼 위태롭고
술잔의 이슬은 깊고도 고달파
굳게 닫혀 있는 룸 룸 룸 사이로
풀꽃 주먹이 피었다 진다

내 돈 떼먹고 도망간 미스 박은
어디 가서 밥은 잘 먹고 댕기나

천 원만 줘, 천 원만
달빛을 튀겨 내오던 뻥튀기 할머니
군밤 팔이 CEO청년, 파인애플 총각
유흥 골목을 돌며 간간이 내비치던
그들은 다 어디로 갔나
인터넷 명품 쇼핑몰은 주문 폭주라는데
황량한 밤의 거리, 결빙(結氷)의 도시

야간조명 위로 차고 흰 눈발이 날린다
우리들의 양식 우리들의 폐업은
누가
누가 지켜주나

사과꽃 피는 밤

마른 잎 부서지는 소리가 났다
스스로 잘라낸 가지들이 흩어져 있었다
뿌리내리지 못한 미생(未生)이다
풀 한 포기 없는 들판처럼 황량한 거실
아들은 빈 가죽 부대처럼 누워 있었다

꽃이 피기도 전에 지는 법을 배웠다
열매를 맺기도 전에 공명(空名)을 배웠다

사과나무 그늘 아래서
벌레 먹은 잎들의 소요(騷擾)를 듣는다
검붉은 고름으로 막혀버린 이력서의 출구들
개똥지빠귀 한 마리, 옹이 박힌 환부를 쪼고 있다
햇살과 구름, 바람이 한 철 머물다 가면
잘 익은 빛깔 하나, 데굴데굴 굴러온다
비릿한 사과꽃 향기가 온 우주를 흔들고 있다

제3부

다랑쉬굴

발길 닿는 모든 길이 통점(痛點)이다
매캐한 연기가 뼛속까지 파고드는데
뒤틀리는 비명 소리 돌담을 넘고
부릅뜬 눈과 입들은 둘레를 이룬다
커다란 돌덩이는 비석이 되어
더 깊은 어둠으로 막아버렸다
달이 환하게 비추는 다랑쉬마을
잊혀진 사람들, 묻어버린 진실
속숨허라, 속숨허라
손톱자국이 핏빛으로 스며드는 길
제주의 사월이다

귀향(歸鄕)

성난 국토(國土)의 얼굴을 하고
그렇게 버리고 버리다가
조선의 낫이 되어 칼춤을 췄던 그가
식칼이 되었던 그가
갈라진 마른 땅의 보혈(寶血)로
자유의 흙 가슴이 되어
풀꽃처럼 돌아왔다

온 대지에 풀씨가 되어 뿌리내리는 것이
얼마나 애달픈 일이냐
얼마나 지독한 길이냐
풀잎에 베여 본 사람들은 안다
부서지는 꽃잎에 찔려본 사람들은 안다

흰 무명 소맷자락 깃발처럼 휘저으며
스스로 타오르다 눈물이 되어버린 그가
죽곡면 원달리 들꽃이 되었다
그리움도 기울어 달빛으로 쏟아지는 밤

저 태일입니다
어머니

이장(移葬)하는 날

검정 비닐포대를 찢고 나오는
아들의 비명을 듣는다
포승줄에 묶인 오월이었다
총탄이 박혀버린 두개골을
조심조심 살뜰히 닦아내며
생때같은 자식을 부둥켜안고 울었다

주소와 이름이 적힌 쪽지를
유서처럼 구겨 넣으며
칠흑 같은 도청으로 뛰쳐나가던
어머니, 조국이 부릅니다
총소리, 빗소리, 통곡 소리
무덤 속으로 한 무더기 쏟아진다

―어딜 가서 못 오느냐 내 아들아

덜커덩덜커덩 가시덤불길을
맨발로 실려 가는 오월의 청년이여

태엽을 되돌려 감아 봐도 썩지 않는
통신두절, 오월의 푸른 입술이여
국화꽃 한 송이 올려놓고
핏빛 오월을 입관하는 중이다
망월동 오월의 햇살이
신군부의 심장을 관통하고 있다

우리가 오월이다

경적을 울리며 진격하는 버스와 택시
대학노트 팽개쳐버리고 철모를 쓴 청년들
영문도 모른 채 돌멩이를 집어 든 중고생
눈물을 훔치며 주먹밥을 나눠주는 아주머니
가녀린 팔뚝마다 혈꽃이 피는 누이들
막노동 공사판에서 뛰쳐나오던 아버지
두려움도 없이 군부대를 향해 항의하던 노인들

피의 대열로 물결을 이루는 광주의 오월
금남로 어깨를 휘감는 무등산도 함께 일어섰다
우리가
우리가 오월이다
군홧발 속에서 피어나는 녹두꽃
우리가
조국의 의병(義兵)이다
피와 살이 녹아내리는 최후의 다비식
우리가
우리가 오월의 혁명 전봉준이다

무등산

중생대 백악기를 건너온 전설의 호흡들이
큰 산맥이 되어 광주 무등을 휘감고 있다
우뚝 솟은 주상절리의 절벽 사이로
힘 있게 찍어 내린 올곧은 정신이
바람굴을 타고 도청으로 퍼져나갈 때
수천수만 년을 쌓으며 흩어졌다 쪼개진
너덜경의 언어들이 무등의 북소리 둥 둥 둥 울리며
이름도 없이 피고 지는 사람들을 깨운다
무등의 산자락을 흔들어 당신을 부른다

우리는 주먹밥으로 뭉쳐진 오월의 사람들
착한 누이와 호탕한 형제들의 웃음이 있고
가난한 아비와 어미의 울음이 뒤섞여 있는 곳
반민족 억압과 핍박의 뿌리에서 자라나는
거대한 민주주의 잎들이 푸르게 자라는 곳
얼어붙은 눈꽃으로도 길이 되어주는 이곳에
오월의 신전(神殿)을 향해 한 무더기
민주 평화의 빛줄기가 쏟아지고 있다

오월의 어머니

덜커덩덜커덩
유치재는 언제나 넘어갈까
흙먼지 뿌옇게 이는 장흥교도소
꽃길이 아녀도 좋다고
마음껏 배울 수 있다면
어디라도 좋다고
당신을 만나
모세혈관처럼 엉켜버린
굽이굽이 내 사연들을
저 무등산이 짊어줄까

명동성당 주교관으로
연세대 노천광장으로
종로5가 한복판으로
지독한 투사가 되었네
전경의 방패도 경찰의 최루탄도
막을 수 없는 어머니가 되었네
밀고 당기며 찢기고 쓰러져도

나는 다시 투사가 되리

쓰러지지 않게 하소서
좌절하지 않게 하소서

그대 가신 의로운 길
정의가 이기는 길
가야 한다면
나는 가야겠네
혼자서라도
나는 가야겠네

오월의 둘레

붉게 물이 든 응급실 천장
피가 뿜어져 솟구치네
당신의 끊어진 동맥
압박붕대로 아무리 눌러봐도
절규하는 통곡 소리는
사방으로 새어 나오네

피 묻은 간호화를 닦아내며
걸어온 가시밭길
발길에 차이는
돌멩이는 되지 않겠다고
가혹한 횡포도 겁박도
혈육을 동원한 감시도
두렵지 않았던
겨울나무 한 그루

애꿎은 대야에 얼굴을 묻고
지난한 고통의 세월들이

눈물인 듯 설움인 듯
쇠창살 푸른 수의를 입은 남편과
배고프다며 입을 벌리는 오 남매와
몸과 마음이 문드러진 시어머니가
흥건히 쏟아져 버리는 자궁처럼
글썽대며 출렁거렸네

그대 손을 잡고
오월의 둘레길을 걸었네
오욕의 젖을 뗀 역사의 수레바퀴를
무등산은 말없이 지켜보았네
푸른 발자국이 찍힌 당신의 심장이
살아 있는 증언의 역사가 되고
서로가 서로에게 기대어
더 붉게 더 단단해진
오월의 둘레가 그곳에 있었네

여순의 푸른 눈동자

누가 너희에게 즉결처분의 권한을 주었느냐
여덟 명의 식솔을 거느리는 가장에게
흙을 일구는 가장 외롭고 가난한 농부에게
살뜰했던 윗마을 아랫마을 평화로운 이웃에게
누가 너희에게 손가락총을 겨누게 하였느냐
좌우로 줄을 세우도록 하였느냐

하늘이 갈기갈기 찢기는 소리가 들렸다
타다당 탕 탕 탕 탕탕

누가 너희에게
뼈와 살이 으스러지도록 몽둥이 자백을 강요했느냐
죽어버린 시신과 무슨 내통을 했다고 자백을 하란 말이냐

서슬이 퍼런 주암초등학교 운동장
부역자들에게 흩뿌려진 파란 잉크
아버지의 흰 무명옷이 죄인의 수의(囚衣)가 되었다

푸드덕 푸드덕 푸드덕
북망산천을 떠도는 파란 새 한 마리
푸른 수의(壽衣)를 입고 젖은 날개를 털며
구천을 떠도는 혼이 되어 차디찬 별이 되었구나

시퍼렇게 부릅뜬 밤하늘의 푸른 눈동자들이
푸른 혈관을 찢고 터져 나오는 피의 은하수들이
으드득으드득 이를 가는 통한의 아우성들이
저렇게 날카롭게 빛나고 있구나

애기섬

햇살도 비껴가는 어둠뿐인 이곳에
핏빛 노을만 저 하늘을 할퀴고 있구나
손 흔들어줄 사람도 없이
목메어 울어줄 사람도 없이

집채만 한 파고(波高)를 넘어서고
저 은빛 물결을 따라 흘러가면

당신을 만날 수 있을까
당신을 찾을 수 있을까

눈을 가리고, 입을 막고
동포를 잃고 역사를 지우고
창백한 폐허가 되어버린 심해 속으로
손발 꽁꽁 묶어 수장해버렸구나

―날 더러 어찌 살라고 혼자 가오

흰 모시 손수건을 적시는 침묵의 말들
출렁거리는 당신의 옷자락을 붙잡아볼까
갈매기 떼만 허공을 맴돌며 끼룩끼룩
못다 한 상엿소리만 바다 위를 떠도네
주거니 받거니 통곡의 파도 소리만
울부짖으며 손을 흔드네
손을 흔드네

저 바람은 기억하리

보리쌀 두 말, 고무신과 비료도 준다며
너도나도 서명하라는 이장의 말에
괜찮을 거라고 별일 있겠냐고
마을 청년들과 농민들이 불려 나와
보도연맹에 가입하라고 부추기더니
좌익이 뭔지, 사상이 뭔지도 모르는
무고한 사람들이 빨갱이가 되어
마구잡이로 잡혀가는구나

아득히 멀고도 먼 고향을 앞에 두고
푸른 물결들도 발버둥을 치며 막아서는데
총소리 빗발치는 소치도 앞바다
거대한 무덤 속으로 떨어지는
맨발의 꽃잎들

눈을 감으면 다시 만날 수 있을까
삶이 죽음만도 못하다던 절규들이
푸른 칼날이 되어 용오름을 만들고

엄마섬 애기섬이 껴안고 울던 날
저 바람은 기억하리
반공 간첩이 새겨진 홍안호 뱃길 뒤로
하늘 높이 펄럭거리는 무표정한 태극기를
저 바람은 기억하리

다시, 팽목항에서

부서지는 파도처럼
너는 꽃잎으로 사라졌더라
니가 머물렀던 그 자리에
낡아버린 노란 리본들이
아직도 팽목항을 붙잡고
힘겹게 펄럭이고 있구나

이젠 그만하면 됐다고
또다시 가만히 있으라고
시커멓게 일어서는 파도 날처럼
거센 비바람에 쓸려나가던 그날처럼
기울어진 뱃머리를 바라만 보고 있구나

너의 몸부림
짓이겨진 손톱
머리까지 차오르는 숨가쁨이
이렇게 먹먹하게 짓누르는데

너의 목소리, 숨결
너의 손길, 입맞춤이
아직도 이렇게 따듯한데

방울방울 터져버리는 기억들, 약속들
분분(忿憤)한 꽃다운 청춘들
세월은 그렇게 흐르고 있구나

4·16 기억의 교실에 남아
노란 별들의 꿈을 틔워내겠다고
너와 함께 이 봄을 깨우겠다고
뼈마디가 불거진 녹이 슨 무덤가에
희망의 종소리가 울려 퍼지면
그날처럼 손깍지를 끼며 놓지 말자고
온 우주를 담은 푸르른 물빛 광장에서
다시 만나자고, 끝까지 함께하자고
노란 바람개비들이 웃으며 빙글뱅글
4월을 힘차게 견인(堅忍)하고 있다

민주야, 평화야
―미얀마를 부탁해

아웅 흘라잉*의 축제가 시작됩니다
묵직한 탱크도 불려 나와 줄을 맞춰 행진합니다
폭죽처럼 팡팡거리며 쓰러지는 사람들
뿌연 최루탄 연기 숲으로 뛰어가는 맨발들
피를 받아 마신 땅은 활 활 활 타오릅니다
밤새 번뜩이는 붉은 비명에
어둠도 별빛도 납작 엎드렸습니다

민주야, 평화야
우린 무엇을 잘못한 걸까
간절히 너희를 불렀을 뿐인데
내 누이는 어디로 끌려간 걸까
내 형제의 주검은 어디에 버려진 걸까
내 조국 내 땅에서
어린아이를 향해 총칼을 세우고
민주주의를 무릎 꿇게 하고 짓밟아버리는
살인방화, 약탈감금의 군부독재

온몸을 유서로 문신하고 군홧발에 맞선다
냄비를 두드리며 침묵의 불복종이 시작되면
붉게 붉게 터져 나오는 함성의 꽃몽우리들
피멍이 들었던 바닥이 함께 일어서고
저항의 세 손가락 경례
온 대지에 싹이 트는데

미얀마의 봄
저 황홀경을 즐기시는 이 누구신가

*민 아웅 흘라잉 군 총사령관

제4부

당신의 방(房)

살기 위해 버려야 하는 것들의 아우성이다
발버둥을 치면 더욱 팽창하는 통증의 발악이다
마지막까지 소비되다 버려지는 신용불량자처럼
대롱대롱 위태롭게 매달려 있는 둥근 자궁이다
썩은 생선 비린내 나는 속옷을 던져 버리고
죄어오던 울렁거림을 적출해내는 불임의 방이다

누룽지

못생긴 눌은밥이 대접받는 세상이다
아궁이에 화들짝 데인 흉터도 꽃인 듯
격이 다른 식품이 되기 위해
보리, 현미, 귀리가 차례로 누웠다
인생 전부를 건 밑바닥에서
꼬들꼬들 잘 눌린 찬밥 한 덩어리
보기 좋게 깔 맞추어 전시되었다

오도독 오도독 바스작 바스작
허기진 입속의 난타전이 시작되면
쫓겨난 반달돌칼처럼 우두커니 앉아
어머니의 탄화된 무릎뼈를 생각하다가
어금니에 옹골지게 박혀버린
가난의 업보를 혀로 핥아보다가
현대인의 고급 간식으로 이름 석 자
공명첩(空名帖)*에 넉살 좋게 오르니
다붓다붓 잘 구워진 얼굴들
드레지게 웃고 있는

누룽지 납시오

*조선 시대 실직은 주지 않고 명목상 벼슬을 주던 임명장

에디터

　전신주 전선이 어지럽게 펼쳐진 하늘, 선 하나를 쭈욱 잡아당겨 봅니다 주렁주렁 굴욕적인 당신이 딸려오네요 들리지 않고 보이지도 않습니다 하늘은 닿을 수 없는 배경일 뿐이죠 당신과 내가 입을 맞추면 더 단단해져요 그러니까 일단 기록해버리면 우리 것이 되고 맙니다 관점에 따라 얼굴 붉히는 진실 또한 우리 것이 될 수 있어요 그럼요

　정차를 알리는 멜로디처럼
　그 자리에 주저앉아 버리면 돼요

　어둠이 평행선으로 질주해요 걱정 마세요 만날 일은 없을 거예요 가방끈이 짧으니까요 떼로 몰아서 고개를 돌려버리면 그게 진실이 돼 버리는 어둠, 발칙한 상상력은 우물 속으로 풍덩, 메워버리면 되니까 찬란하게 부시니까 눈을 감아버릴 거예요 그래도 미소를 잃지 마요 뒤에는 우리가 있잖아요 삼삼오오 침묵을 보태요 더 큰 침묵은 우리를 강하게 만들 거예요 윙윙거리는 귀가 좀 먹

먹해져도 침을 꿀꺽하고 삼켜버려요 곧 그들은 아름답게 편집될 테니까요

복어

  뽀로통 뽀로통 이번엔 또 어떤 심사가 꼬였는지 심통 불통 긴 가시를 꼿꼿이 세운다 이곳저곳 누구든 걸리기만 해봐라 이름하야 가시복어 작은 지느러미를 파드닥거리며 온 주위를 헤집고 돌아다니지만 늘 본전도 못 찾는, 치명적인 독 하나 믿고 한계에 부딪힐 때마다 몸을 서너 배로 부풀려 기세를 잡지 어쩌니, 그 또한 익숙한 패턴이라 그랬잖니 그러게 독 있는 음식은 먹지 말랬지 납작벌레가 넙죽거리며 머리 숙여줄 때가 좋았지 불가사리가 히죽헤죽 이손저손 잡아줄 때가 좋았지 그 독을 삼켰으니 독이 뻗칠 수밖에, 해독제가 없다니 피하게 되는 건 인지상정, 가리가리 청산가리, 톡신톡신 테트로도톡신* 알고 보니 그 흔한 독 하나 없는 복어라니, 툭 치면 펑하고 터져버리는 가볍디가벼운 벌룬 퍼퍼(puffer)라니

*복어알 속에 들어 있는 신경 마비 독소

추천합니다

 묶음 배송 같은 감정이랄까 굳이 묻지 않아도 자꾸만 따라붙는 건 너의 집요한 배려 때문일 거야 오순도순보다 끼리끼리가 좋겠어 와이파이 각자도생 기지국을 세우고 당신의 선호도를 은밀하게 차곡차곡 적립하지 그때 그 사람, 눈길을 줬던 그 장면, 절박했던 상황적 맥락까지 꼬리에 꼬리를 물고 클릭한 흔적들이 입장하지 눈맞춤하며 손까지 잡아줄 땐 이벤트 혜택까지 당당하게 레벨업 취향저격에 거슬리지 않게 쓴웃음을 흘려주는 것도 괜찮아 보고 싶은 것만, 듣고 싶은 것만, 간편한 감정들만 모아둔 편의점 도시락처럼 알차게 준비한 추천 알고리즘 소비되는 감정들을 놓치지 않고 꽉 움켜잡는 진열대의 고리 고리들

스페인 광장에서

태평양을 지나 로키산맥을 넘고 넘어
뿔뿔이 흩어진 바람처럼 떠돈다
어쩌다 이곳까지 흘러와
푸른 초원의 자유를 노래하는가

흐르는 계곡의 물소리
꽃과 나무, 새의 울음소리
하늘과 땅, 국경이 없는 풍경의 소리다

단돈 1유로!
낯선 이국에서도 아리랑이 연주되고
올드 팝송이 세비야 광장에 울려 퍼진다
화려한 전통의상을 입고 깃털을 휘날리며
들꽃처럼 서 있는 외로운 양치기*
곳곳에 기념품 좌판을 펼친 집시들까지

사세요! 사세요!
싸요! 싸요!

국적이 없는 상냥한 굶주림을 팔았다

*인디언 원주민들이 주로 팬 플루트로 연주하는 곡명

연탄재

남산동 연등천 다리를 오르내리며 놀았던
철없던 아이들의 웃음소리가 새어 나오고
질척질척한 펄 바닥으로 기어 나오는 어둠들
구멍 칸칸마다 넉넉한 셋방살이 인심으로
우리에게도 잠깐 환해질 때가 있었다
민물과 바닷물이 서로에게 젖어드는 밤이면
엄마가 불러주던 자장가가 밀물처럼 차올랐다

더 이상 태울 수 없는 밤은
얼마나 고요한가

진창 같은 바닥에서
술잔 부딪히는 소리는
또 얼마나 맑고 투명한가

생의 난간 끝에 서 있는 소리는
얼마나 또 간절한가

다 타고 쏟아내 버린 적막 한 채
이 눅눅하고 습한 단칸방에
깜박깜박거리는 불빛 하나

드라이플라워

  우아한 압력, 볼륨 있는 미소가 다시 살아나도록 조심스레 다뤄 주겠니 뒤집힌 얼굴들은 두말하면 잔소리지 붉어지는 피돌기는 어쩔 수 없는 선택이야 말랑말랑한 너와 질긴 나, 목이 늘어난 시간의 간격이라고 해두자 생기발랄한 너를 기대해도 좋을까 블랙체리 향이 좋겠어 그러니까 숨이 턱 하고 차오를 때까지 참아주겠니 곰팡이처럼 피어나는 눅눅한 표정들은 꼬깃꼬깃 주머니에 집어넣어 버려 건조대 물구나무 아래서도 부서지지 않게 웃자 이왕이면 선명하고도 창백한 너의 얼굴을 보여주겠니 죽어야 다시 사는 플라워 플라워

이레이져

바닥의 지문은 물론, 그림자의 내력까지 말끔히 지워 드립니다 마모돼 버린 생의 각들은 말랑말랑한 나에겐 안성맞춤이죠 손톱에 찔려 보름달이 반쪽이 되어도 생각은 계속 자라나요 태양을 삼켜버린 곳에서는 자라나는 손톱자국들로 어떤 기억은 추락하기도 해요 철침에 뚫리는 나날들, 아무렇게나 박혀버린 울분들이 자라나 이렇게 저렇게 치이다 보면 결국 조각난 채로 굴러다니다 다시 뭉치기를 반복해요 검게 그을린 목소리가 들릴 때면 잔해처럼 흩어진 당신과 나, 손가락 농간에 짓이겨져 버리는 오늘도 또다시 재생되는 의식을 치러요

시(詩)와 에세이

 달그닥 달그닥 쿵차 쿵차차 평사리 들판이 들썩거린다 선글라쑤가 삐까뻔쩍한 제임스 드론은 벌 떼를 몰고 댕기며 참말로 칸 영화제 시상식이라도 되는가잉 글씨 우레와 같은 관중 소리를 몰고 우리를 마중 나왔더랑께 왐마 거시기 악양면 노전길 레드카펫이 펼쳐지는디 그리운 사람들 삼삼오오 모여부니께 올리비야 할쌔는 오드리 할뻔을 꼬옥 보듬고 좋아서 우찌야쓰끄나잉 하는 찰나에 여기저기서 후라시가 터져분디 어디선가 팡팡팡 터지는 이 폭죽 소리는 또 뭐시여! 오메 천태산 별나무 별들이 하동 평사리로 총 총 총 쏟아지더란 말이지라 얼쑤

 이에 질세라 털크루즈는 기타를 잡고 공기 반 소리 반 목소리를 가다듬으며 공연을 시작허는디 관중들은 산해진미 육해공 진수성찬을 차려놓고 밥상에 젓가락을 두들겨대며 얼씨구나 좋다 추임새를 넣었더라 장지기장지기 장장지기지기 장단에 맞춰 타닥타닥 불타는 삼겹살도 춤을 추며 활 활 활 맛나게 타오르던 밤, 졸리나안졸리나는 찬손부르튼손과 함께 이 광경을 보고 두 눈이 휘둥그레

지더라 급기야 화장실도 못간 소피마려워는 워메 참말로 멋쪄부러잉 이런 밤을 뭐시라 해야쓰까잉 고개를 갸우뚱 갸우뚱허니 옆에 있던 알랑드렁이 콧방귀를 뀌며,

   이것이 시에스러운 밤이여~
   알랑가 몰러

시민 속으로 찾아가는 시화전

유리벽을 사이에 두고
두 손을 맞대어 눈인사하는
투명한, 그리고 깜깜한* 그리움들
꿈*처럼 찾아와 당신의 안부를 묻는
갯내음 같은 어머니의 목소리가 있고
흙손으로 가난한 밥상을 일구시던
타샤의 정원*, 어머니의 텃밭이 있습니다
찔레꽃* 무덤가에 빗물처럼 번지는
아버지의 얼굴이 있고
바다를 닮은 사람들이 들꽃처럼
어우러져 다붓다붓 꽃밭*을 이루었습니다

그대 손을 잡고 걸었습니다

아스팔트에 뿌리를 내린 민들레*의 독창과
발붙일 곳이 없는 옹벽 수발공*의 한숨과
펑펑 튀어 오르는 아파트, 집을 버린 사람들과
위태롭게 난간에 매달린 청년 노동자의 절망과

돌아오지 못한 강을 건너버린 오지*의 사람들

그대 손을 잡고 걸었습니다

목탄과 붓, 그리고 한 편의 시(詩)로
생의 윤곽을 따듯한 어둠으로 소묘하는
잔잔한 농담(濃淡)처럼 스며드는 이곳으로
당신을 초대합니다

*시화 제목을 인용

집으로 가는 길

시화 철수하러 왔습니다

저기, 잠시만요
사업장 방문 전 보안 준수 사항 점검 완료했나요
별도의 영상교육 10분을 통과해야 이동할 수 있습니다
주민등록증 제시, 개인정보 활용 동의는 물론,
출입증을 발급받아야 본관으로 입장할 수 있어요
기업 총수 동상이 있는 1층 로비로 가세요
어…, 안 돼요, 슬리퍼는 안 돼요
CCTV가 보고 있잖아요

까다로운 보안 벽을 뚫고 들어가니
어, 작품이 부족한데요
아, 몇 작품은 2층 카페에 전시했어요
거기는 보안 때문에 출입할 수가 없습니다
……

'오늘도 전태일', '김용호 테러사건'

특별히 보안관리 대상이 되어 유배된 작품들

허리 굽은 두 노인의 뒷모습이 그려진
지극히 서정적이고 서정적인 '집으로 가는 길'은
영문도 모른 채 삼엄한 보안 속으로 함께 끌려 나갔다

전시 취지에 맞지 않는 작품은 선별하겠습니다
요즘 세상에 예술작품을 검열하는 데가 있냐며
큰소리 뻥뻥 ○○기업의 자존심을 구겨놨던 터라
권위와 체면은 살려야겠다는 꼼수의 자구책이리라

노동자들을 규합해 선동하고 파업으로 결국
'집으로 가는 길'이 샛길까 봐 두려웠던 것인가
위리안치(圍籬安置)된 작품들로 한참 골똘해지는 것인데

진땀을 빼며 철거한 시화들을 싣고 있는 승용차 뒤로
벤츠 한 대가 우악스럽게 밀고 들어오며 빵빵거린다

차 빼세요!

해설

천칭의 여신과 바다의 힘

임동확(시인 · 한신대학교 교수)

*시간의 신은 날지만, 법과 정의의 여신은
한자리에 우뚝 서 있다. (Hora fugit, stat jus)*
─프랑스 법무부 건물 벽에 새겨진 글귀

그리스 로마 신화에 따르면, 아스트라이아(Astraea)는 신들의 제왕 제우스와 여신 테미스 사이에 태어난 딸로 '순진무구'의 여신이었다. 하지만 그 여신은 어느 순간 지상을 버리고 하늘의 별자리 '비르고(Virgo)', 곧 '처녀좌'가 되었다. 그리고 오늘날 우리가 천칭좌로 부르는 별자리 이름은 그녀가 모든 신들과 함께 하늘로 올라갈 때 갖고 있었던 천칭을 하늘에 걸어두었던 것에서 유래한다. 공동 소유제가 사유재산제로 바뀌면서 인류의 타락이 극심해진 이른바 '철의 시대'를 맞아 절망한 신들이 모두 하늘로 올라갈 때 함께 따라갔던 신 가운데 한 명이 아스트라이아 여신이다.

그런 아스트라이아는 거듭되는 인류의 악행을 보다 못해 신들 모두가 결국 지상을 떠날 때 마지막까지 이 지상에 머무르면서 '정의'를 호소한 여신이다. 그래서 우린 서로 상반된 주장을 천칭에 달아 공평하게 평가하는 역할을 맡고 있는 그녀를 '정의의 여신'으로 부른다. 인류의 타락상에 절망한 신들이 하늘로 하나둘씩 올라갈 때 무조건 그들의 뒤를 쫓기보다 최후까지 사람들에게 세상의 불평등과 부정의를 바로잡기 위해 '정의'의 중요성과 함께 그 가치를 설파했던 여신이 바로 아스트라이아였던 것이다.

강경아 시인은 단연 이런 아스트라이아 여신을 닮아 있다. 그리고 강경아 시인의 첫 시집 『푸른 독방』에 실려 있는 시 「아스트라에아」가 그 증거다. 강경아 시인은 거기서 "별들의 지문이 박힌 달동네 공항에서만 지급되는" "우주 항공권" 또는 "비행접시"를 타고 "하늘의 적도 부근 이웃나라"로 "이륙"해 가고자 하는 바람을 드러낸 바 있다. 그러면서 "박음질 촘촘한 은유들"의 '시'들을 통해, "넌 몸을 일으키는 좌판의 바늘" 같은 정의를 바로 세우며 "비명이 새어 나와도//너도나도 평등해지는" 세상의 도래를 꿈꾼 바 있다.

그래서일까. 강경아 시인의 시선은 "생의 어긋난 통점들이/불쑥불쑥 얼굴을 내미는" 자신의 고향 "여수"(「여수」)의 역사적 아픔에만 머무르지 않는다. 어쩌면 동병상련의 아픔과 비극의 역사를 간직하고 있는 제주를 비롯한 광주, 팽목항, 미얀마, 스페인 광장 등 국내외의 비극적 현장으로 뻗어 있다. 특히 개별화된 슬픔이나 가족사적 경계를 넘어 청년 레이, 노숙자, 제주 4·3 관련 유가족, 오월의 어머니 등 집단적인 비극이나 타자들의 아픔에 그녀의 시선이 집중되어 있다. 기꺼이 역사의 상처에 스스로를 과감히 노출시키는 데서 오는 크고 작은 고통이 그녀의 시를 움직여 가는 중심축이다.

> 발길 닿는 모든 길이 통점(痛點)이다
> 매캐한 연기가 뼛속까지 파고드는데
> 뒤틀리는 비명 소리 돌담을 넘고
> 부릅뜬 눈과 입들은 둘레를 이룬다
> 커다란 돌덩이는 비석이 되어
> 더 깊은 어둠으로 막아버렸다
> 달이 환하게 비추는 다랑쉬마을
> 잊혀진 사람들, 묻어버린 진실
> 속숨허라, 속숨허라
> 손톱자국이 핏빛으로 스며드는 길

제주의 사월이다

—「다랑쉬굴」전문

　강경아 시인은 지난 1948년 12월 군경토벌대에 의한 제주 '다랑쉬굴' 주변의 양민학살사건 현장을 방문하는 동안 "매캐한 연기가 뼛속까지 파고드는" 것을 느낀다. 동시에 그날의 희생자들이 죽어가면서 내는 처절한 "비명"과 더불어 그들의 "부릅뜬 눈과 입들"이 자신의 "둘레"를 옥죄이는 듯한 환상에 빠져든다. 검불로 피운 연기를 동굴로 들여보낸 후 그 입구를 "커다란 돌덩이"로 막아 동굴 안의 주민들을 질식사하게 만든 국가권력의 폭력에 의해 "잊혀진" 제주인들과 그 때문에 "속숨허라, 속숨허라", 곧 '말해봤자 소용없으니 조용히 하라'는 의미의 현대판 전승에 묻혀버린 "진실"이 마치 살갗을 깊게 파고드는 "손톱자국"처럼 자신의 아픔으로 "스며드는" 것을 느낀다. 말 그대로 강경아 시인에겐 "발길 닿는 모든" 역사의 "길이" "통점(痛點)"인 셈이다.

　강경아 시인의 '통점'은 그런 관점에서 볼 때 역사적 비극에 대한 조건반사적인 반응에서 오지 않는다. 잘못된 역사나 각기 개인의 아픔에 대해 "얼마나 애달픈 일"이며 "지독한 길"인 것인가에 대한 깊은 공감과 성찰에서 온다. 역사적 상처와 개인의 아픔의 "칼"날에 직접 자신이

"베여" 보거나 "찔려"(「귀향(歸鄕)」)보는 동종요법적(同種療法的) 감정이입과 맞물려 있다. 무수한 현대사의 비극을 단기 환기하거나 고발하기보다 그걸 가장 직접적으로 현재화하려는 데서 발생하는 것이 강경아 시인의 시적 '통점'이다.

예컨대 1980년 5월 광주 희생자의 '이장(移葬)'을 바라보는 시적 태도가 그렇다. 강경아 시인은 여타의 시인들처럼 부모의 만류를 뿌리치고 "도청으로 뛰쳐나가던" "오월의 청년"을 섣불리 애도하거나 에둘러서 조의를 표하지 않는다. 오히려 곧바로 "검정 비닐포대를 찢고 나오는/아들의 비명을 듣는" 방식을 택한다. 마치 희생자가 우리들 눈앞에서 "덜커덩덜커덩"거리는 "가시덤불길을/맨발로 실려 가"거나 "입관"하는 장면으로 이끌면서 그 희생자의 아픔이 바로 우리들의 "심장을 관통하"(「이장(移葬)하는 날」)는 아픔으로 만든다.

이른바 '여순사건'에 관련한 시 「여순의 푸른 눈동자」가 또한 이를 증거한다. 여기서 강경아 시인은 첫 행부터 "누가 너희에게 즉결처분의 권한을 주었느냐"고 묻고 있다. 그러면서 곧바로 "타다당 탕 탕 탕 탕탕" 총살형이 집행되는 당시의 "주암초등학교 운동장" 현장으로 우릴 데려간다. 동시에 지금도 "구천을 떠도는" "통한"의 "혼"들이 "밤하늘"의 "차디찬 별이 되"어 "날카롭게 빛나고 있"(「여순의 푸른 눈동자」)음을 환기시킨다. 역사적 단절의 시간을 순식간에 뛰어넘는 순간적인 합일을 통해, "눈"과 "입"을 "가리고" "역사를 지우"며 "수장해버"린 "침묵의 말"(「애기섬」)들을 영원한 현재로 재소환해내고 있는 것이다.

  강경아 시인에게 시적 발원지로서 '통점'은, 따라서 딱히 실제의 사건이나 어떤 경험의 결과에서만 오지 않는다. 어떤 순간에의 몰입을 통해 타자의 고통을 마음속으로 미루어 생각하는 적극적 상상(想像)력의 산물에 가깝다. 행여 실제로 감각적이고 직관적인 대상이 존재하지 않을 경우일지라도, 절대적으로 다른 타자에로 향해가는 필사적인 움직임으로 윤리적인 이행에서 온다. 절대적 다른 타자들을 향한 자기 존재의 지향성에 그치지 않고 타자의 고통에 대한 그 책임과 의무를 스스로 떠맡으려는 자리에서 그녀의 시가 싹튼다.

    바람과 햇살이 좋은 날
    흐르는 호숫가 물결을 따라가면
    마주할 수 없는 높이처럼
    닿을 수 없는 거리처럼
    당신을 만날 수 있습니다

반쯤 잠겨버린 버드나무 한 그루
부러져버린 뼈마디를 힘겹게 붙잡고
늘 함께했던 그때처럼,
마치 제 몸인 듯
남은 생을 움켜쥐며
그렇게 살아내고 있었습니다

환상지통(幻想肢痛)을 앓고 있는
한 생이 보였습니다
　　　　　　　―「미평 수원지에서」 전문

  먼저 "당신"은 여기에 부재하는 존재로 "마주할 수 없는 높이"나 "닿을 수 없는 거리"에 있다. 특히 그러기에 다시 "만날" 가능성이 전혀 없다. 그럼에도 불구하고 지상에 남은 자들은 "늘 함께했던 그때처럼" "부러져버린 뼈마디"나마 "힘겹게 붙잡"은 채 "남은 생을 움켜쥐며" "살아내고"자 한다. 단순히 타자의 고통 또는 닿을 수 없는 거리를 지각하는데 멈추지 않고 자신의 존재를 변화(變位)시키면서 "마치 제 몸인 듯" "당신"과 대면하는 직접성으로 되돌아가고자 한다. 결코 동화시킬 수 없거나 재소환할 수 없는 존재를 현재화하려는 열망이 실제 존재하지 않은 사지(四肢)에서 느끼는 통증이나 이상 감각으로서 "환상지통(幻想肢痛)"을 낳은 셈이다.

강경아 시인의 또 다른 시적 통점인 '환상지통'은 이렇게 일어난다. 단지 그것은 "진흙탕 난타전 억지 막말"과 "가짜 뉴스가 판을 치"고 "안면몰수 몰염치 몰상식이 차고 넘치는" "나라"(「슬기로운 당신의 권리」)에 대한 직접적인 반응에서 발생하지 않는다. "누가 본류인지 지류인지"(「방울토마토 1」) 모르는 "분별없는 대립"(「방울토마토 2」)과 극심한 혼돈 속에서 일어나는 세계의 악을 지켜보면서 거기서 발생하는 온갖 역사적 상처와 개인적 고통을 자기화하려는 몸짓에서 비롯된다. "건너편 희망노래방"처럼 "속수무책 무기한 휴업 중이"거나 "한 장의 유서"를 남긴 채 자영업자들이 "어디"론가 "거품처럼" 사라져 가는 우울한 "위드 코로나"(「우리는 살고 싶다」) 시대를 그 배경으로 하고 있다.

그러나 "자본의 괴물이" "붉은 아가리를" 크게 "벌리고"(「을지로 공구거리」) 있는 '철의 시대' 속에서 가장 고통 받고 있는 이들은 자영업자들만 아니다. 그중에서도 특히 정상적인 삶의 궤도에 정착하지 못한 채 "출구가 없는 길을 빙글빙글 돌"(「청년 레이 1」)고 있는 청년층이 가장 큰 고통을 받고 있다. 채 "꽃이 피기도 전에 지는 법을 배"우거나 "열매를 맺기도 전에 공명(空名)을 배"운 "미생(未生)"(「사과꽃 피는 밤」)의 삶을 살아가고 있는 이들이 바로 청년층이다.

할아버지 장례를 치르고 그 밑천으로 마련한 가게 어둑어둑해진 거리에 하나둘 간판 불이 켜지고 가난한 치킨집 **밤하늘에도 별이 떠요 크고 작은 별들**이 도란도란 어깨를 기대며 빛을 내는 익명의 밤 **차라리 별이 뜨지 않는 밤**이 좋았을까요 제보자는 기본 염지가 맵다고 동종업계만 아는 전문용어를 써가며 어린이는 못 먹겠다는 트집을 잡아 **별 하나를 투척해요** 맛에 대한 친절한 안내도 내가 안 보면 그만이지 어쨌든 내 입맛과 취향에 맞지 않다잖아! **별나라 공화국에서 별 하나는 간판 내리라는 말처럼 절체절명의 치명타**

아차차 긴 머리카락은 또 어디서 굴러왔나요 숏커트에 염색도 안했는데 누가 왔다 갔나요 너도나도 몰래, 하필이면 장거리 배달이라 이상타 했지요 드실 거 다 드시고 환불이라뇨 친절하게 사진까지 찰칵, 어쩌라고요 **또다시 별타령**에 니나노 니나노 완창을 읊고 있네요 요식업만 골라골라 환승해가며 불편한 머릿속을 후벼 파놓는 좀벌레 환불 기생과 재주문 공생이 먹이사슬처럼 돌고 도는 **별별 손님** 생태계 새우튀김 한 개를 환불해달라는 악성 테러에 시달리다 다시는 돌아오지 못할 곳으

로 가버린 분식집 아저씨가 와이파이처럼 붕붕 떠다녀요

 우리 손자 걱정 마라잉 다 잘 될 거신게잉 마지막 메아리가 자꾸만 깜박깜박거려요 간, 쓸개 다 내려놓아야 닭똥 같은 눈물처럼 하나둘씩 켜지는 다섯 개의 별 퇴화된 날개를 접고 쪼그리고 앉아 끔뻑끔뻑 밤하늘을 쳐다봐요 눈치도 없이 빳빳하게 고개를 쳐드는 닭벼슬이 꺾이요~ 꺾이요~ **별에 울고 별에 웃는 이곳은 별천지**, 지도에도 없는 리뷰의 나라
      ―「청년 레이 3」 전문(진한 부분 필자 강조)

 여기서 유난히 많이 반복적으로 등장하는 '별'들은 더 이상 지고한 존재 또는 희망을 나타내지 않는다. 이른바 '별점'이라는 권력(?)으로 "별에 울고 별에 웃는" 더 힘없는 약자들을 괴롭히는 사태 속에서 '별'은 그 고유의 상징성을 잃은 텅 빈 기표에 불과하다. 그러니까 "간, 쓸개 다 내려놓아야" "밤하늘"에 "닭똥 같은 눈물처럼 하나둘씩 켜지는 다섯 개의 별"이 뜨는 "별나라 공화국"은 이상적인 가상의 사회를 의미하는 유토피아(Utopia)를 가리키지 않는다. 얼핏 유토피아처럼 보이지만 실상 '별(aster)'이 '사라진(dis)' '대재난(disaster)'의 상태, 곧 "차라리 별

이 뜨지 않는 밤이 좋"은 비정상적이고 비인간적인 디스토피아적 세계일 뿐이다.

달리 말해, "익명"의 그늘에 숨어 매장의 서비스나 제품에 대한 평점을 의도적으로 낮추는 "악성 테러" 행태는 단지 가학적이고 악질적인 단지 '블랙 컨슈머'의 횡포만을 가리키지 않는다. 영세한 "요식업만 골라" "환승해가며" 괴롭히거나 "새우튀김 한 개를 환불" 요청하는 등 어렵게 창업한 청년층을 괴롭히는 '별점 테러'의 사회는 형제와 자매, 남편과 아내가 서로 불신하고 아들이 재산 상속 때문에 아버지의 사망을 기다리기도 했다는 이른바 '철의 시대'를 연상시킨다. "별별 손님"들의 횡포와 협잡이 공공연히 자행되는 지금 이곳의 "별천지"는 다름 아닌 마침내 신들이 떠나갔던 '철의 시대'의 복사판이라 할 수 있다.

그렇다면 법에 의지하지 않고도 인간들이 진리와 정의의 편에 섰다는 '황금시대'를 고사하더라도, 난생 처음 추위와 더위를 맛보았으나 그래도 꽤 살 만했다는 '은의 시대'로 되돌아갈 수는 없는 것일까? 그것도 아니라면, 걸핏하면 무기를 들고 서로 싸우긴 했어도 적어도 구제불능의 극악한 시대는 아니었다는 '청동의 시대'로 회귀하는 것마저 불가능한 것일까.

강경아 시인은 일단 "아무렇게나 박혀버린 울분들이

자라나" "결국 조각난 채 굴러다니다 다시 뭉치기를 반복"(「이레이져」)하는 세계 속에서 "계곡의 물소리"와 "꽃과 나무, 새의 울음소리", 그리고 "하늘과 땅" "푸른 초원의 자유"(「스페인 광장에서」)가 살아 있는 '황금시대'로의 복귀는 불가능하다고 말하는 것 같다. 오직 "머니"가 "계속 머니머니를 부르"는 물질만능의 "민주공화국"(「청년 레이2」) 속에서 천상으로 떠나간 아스트라이아 여신을 다시 이 땅으로 되돌아오게 하는 '황금의 시대'의 재연은 한낱 꿈이라고 보는 것 같다.

  하지만 우린 "어쩔 수 없는 선택" 속에서도 "우아한 압력, 볼륨 있는 미소가 다시 살아나"기를 욕망하는 지향적 존재다. 만일 그러한 인간적 욕망이 없다면 우린 "건조대 물구나무 아래서" "뒤집힌 얼굴"을 하고 있는 '드라이플라워'와 같은 존재에 불과하다. 또한 "곰팡이처럼 피어나는 눅눅한 표정들은 꼬깃꼬깃 주머니에 집어넣"는 대신 "이왕이면" "블랙체리 향"이 나는 "생기발랄한 너를 기대"하는 것과 같은 삶의 비극에 대한 의미부여는 불가능하다. "숨이 턱"(「드라이플라워」) 막히는 "생의 난간 끝에"서도 언제나, 어디까지나 서로가 "서로에게 젖어드는", 그러면서 "잠깐"이나마 "웃음소리가 새어 나오고" "넉넉한" 인심으로 "화해"(「연탄재」)지는 인간의 삶에 대한 방향성을 견지하기 어렵다.

그런 만큼 우리가 "살기 위해 버려야 하는 것들의 아우성"은 단지 "발버둥" 칠수록 "더욱 팽창하는 통증"으로 인한 "발악"(「당신의 방(房)」)의 일종이 아니다. 우리가 어떻게 의미부여 하느냐에 따라 "못생긴 눌은밥이 대접받"거나 "아궁이에 화들짝 데인 흉터"조차 "꽃"(「누룽지」)이 되는 것처럼 때론 그 '아우성'은 인간적 삶의 도약을 위한 토대가 되기도 한다. "평행선으로 질주"하는 "어둠" 속에서도 우리의 "편집" 방향과 "발칙한 상상력"에 따라 한낱 "침묵"조차 "우리"를 더욱 "강하게 만들"면서 궁극적으로 어떤 진실을 "우리 것"(「에디터」)으로 만들 수 있다.

강경아 시인에게 시는 그런 점에서 순수하고 보편적인 어떤 불변의 진실을 추구하는 것이 아니다. 작가의 창조적 의지에 따라 인간의 삶이 그 실재성을 성취하며, 거기에 총체적인 가치를 부여하고 사랑하는 방법이 시다.

유리벽을 사이에 두고
두 손을 맞대어 눈인사 하는
투명한, 그리고 깜깜한 그리움들
꿈처럼 찾아와 당신의 안부를 묻는
갯내음 같은 어머니의 목소리가 있고
흙손으로 가난한 밥상을 일구시던
타샤의 정원, 어머니의 텃밭이 있습니다

찔레꽃 무덤가에 빗물처럼 번지는
아버지의 얼굴이 있고
바다를 닮은 사람들이 들꽃처럼
어우러져 다붓다붓 꽃밭을 이루었습니다

그대 손을 잡고 걸었습니다

아스팔트에 뿌리를 내린 민들레의 독창과
발붙일 곳이 없는 옹벽 수발공의 한숨과
펑펑 튀어 오르는 아파트, 집을 버린 사람들과
위태롭게 난간에 매달린 청년 노동자의 절망과
돌아오지 못한 강을 건너버린 오지의 사람들

그대 손을 잡고 걸었습니다

목탄과 붓, 그리고 한 편의 시(詩)로
생의 윤곽을 따듯한 어둠으로 소묘하는
잔잔한 농담(濃淡)처럼 스며드는 이곳으로
당신을 초대합니다
　　　　　　—「시민 속으로 찾아가는 시화전」 전문

위 시는 제목 그대로 '시민 속으로 찾아가는 시화전'에

출품된 시들의 제목을 아라베스크 문양으로 재치 있게 엮은 시다. 그리고 특히 서로 이질적인 소재와 주제를 자연스레 연결시키는 자유로운 연상과 상상력이 돋보인다. 얼핏 무질서하게 나열하고 있는 것 같지만, 하나하나의 제목들을 유기적으로 연결시킨 이 작품은 단지 하나의 시를 창조하기 위한 기교와 방법에 그치지 않는다. "갯내음 같은 어머니의 목소리"로 대변되는 시원적 가치를 회복시키는 효과와 감동으로 이어진다. "발붙일 곳이 없는 옹벽 수발공"이나 "펑펑 튀어 오르는 아파트"값 때문에 "집을 버린 사람들"이 유기적 연대 속에서 "아스팔트에 뿌리를 내린 민들레"처럼 뿌리내리거나 "서로 손을 잡고" 걷는 대동 사회로의 귀환을 촉구한다.

다시 말해, 일단의 시인들과 화가들이 의기투합하여 마련한 '시화전'에의 "초대"는 단지 참여 작가들과 독자들의 의례적인 만남의 자리가 아니다. "가난한 밥상을 일구시던" "어머니"와 "찔레꽃 무덤가"의 "아버지", 그리고 "위태롭게 난간에 매달린 청년 노동자"나 "돌아오지 못한 강을 건너버린 오지의 사람들"과 "들꽃처럼/어우러져 다붓다붓 꽃밭을 이루"는 사랑의 공동체로의 "초대"를 의미한다. 마치 "잔잔한 농담(濃淡)처럼" 서로에게 "스며드는" 사랑의 구체적 형상화가 바로 시와 그림이며, 인간의 삶이 마땅히 간직해야 하는 진실한 삶의 실재성을 보여주는 게 '시화전'이라 할 수 있다.

어느 순간 축제가 된 "평사리 들판" 역시 그렇다. "천태산 별나무 별들이" "총 총 총 쏟아지"던 "하동 평사리"는 오랜만에 열린 스펙타클한 "공연" 행사장이 아니다. 지극히 평범하거나 진부한 "노전길"조차 마치 "영화제 시상식"장의 "레드카펫"인 양 "펼쳐"지는 신성의 장소이다. 특히 거기에 "삼삼오오 모여"든 이들이 잠시나마 세계적 여배우 "오드리 할뺀"과 "졸리나안졸리나", 그리고 남자배우 "찬손부르튼손"과 "알랑드렁"(「시(詩)와 에세이」) 등으로 거듭나는 장소다. 아주 가끔씩 "절박했던 상황적 맥락"은 물론 "진창 같은 바다"의 삶을 상대화하면서 "묶음 배송 같은 감정"들을 "놓치지 않고 꽉 움켜"(「추천합니다」)쥐는 응집력 속에서 서로 "술잔"을 "부딪"치며 "잠깐"이나마 "환해질"(「연탄재」) 수 있는 연대의 토대가 바로 '평사리 들판'이라 할 수 있다.

그런 강경아 시인의 관심사는 어디까지나 '정의'의 실현이다. "어느 것 하나 건질 수 없는" 무가치한 "생명"의 시대 속에서 "우리들의 일상"이자 "권리"를 확보하기 위한 "진정한 투쟁"(「슬기로운 당신의 권리」)이 중요하다.

덜커덩덜커덩
유치재는 언제나 넘어갈까

흙먼지 뿌옇게 이는 장흥교도소
꽃길이 아녀도 좋다고
마음껏 배울 수 있다면
어디라도 좋다고
당신을 만나
모세혈관처럼 엉켜버린
굽이굽이 내 사연들을
저 무등산이 짊어줄까

명동성당 주교관으로
연세대 노천광장으로
종로5가 한복판으로
지독한 투사가 되었네
전경의 방패도 경찰의 최루탄도
막을 수 없는 어머니가 되었네
밀고 당기며 찢기고 쓰러져도
나는 다시 투사가 되리

쓰러지지 않게 하소서
좌절하지 않게 하소서

그대 가신 의로운 길

정의가 이기는 길

가야 한다면

나는 가야겠네

혼자서라도

나는 가야겠네

─「오월의 어머니」 전문

 여기서 '오월의 어머니'들은 단순히 자식의 죽음을 슬퍼하거나 그로 인해 고통받는 여인들이 아니다. 국가 폭력에 희생된 자식이나 가족을 대신하여 때와 장소를 가리지 않고 싸우는 아무도 "막을 수 없는" "투사"다. 정의가 세상의 모든 뒤엉킨 문제들을 일시에 해결하는 열쇠는 아닐지라도, 굳이 "가야 한다면" "혼자서라도" "정의가 이기는 길"을 가는 "의로운" 여인들을 대변한다. 국가 폭력에 의해 "쓰러지"거나 "좌절"된 세상의 균형추를 바로잡고자 하는 현대판 아스트라이아가 바로 '오월의 어머니'들이다.

 예컨대 "먹구름처럼 몰려오는" "압류 고지서"와 "해고 통지서"로 "생존이 압사되는" "노숙의 밤"에 직면하여 그에 대한 대응의 삶의 태도가 그 하나다. 강경아 시인은 "삶의 밑창까지 닳아버린" 상황 속에서도 애써 "안전화 뒤축"을 "일으켜" "스스로 빛이 되는 작은 별"("노숙의 랩소디」)이 되는 '삶을 향한 의지'를 강조하고 있다. "딱딱하게 굳어버린 박제된 발들"이 "푸른 하늘을 향해" "발길질 한번 못 해"본 채 "덩그러니 누워 있"는 비극적 현실 속에서도 "여전히 제 몸을 활 활 활 태우며 당신을 부르고 있"(「오늘도, 전태일」)는 그 어떤 것의 부름과 그에 대한 무한 책임의식을 보여주고 있다.

>
> 바닥은 바닥에서 더 내려다봐야 한다
> 그 앞에선 누구나 무릎을 꿇게 만든다
>
> 고집 센 졸음들이 모여 사는 곳
> 낙오의 시간이 딱딱하게 벗겨진 자리다
> 바짝 눌어붙어 떨어지지 않는 저 악착들
>
> 누군가 씹다 버린 껌들도
> 여기저기 웅성웅성 꽃을 피웠다
>
> 마른버짐 같은 속살들이
> 으깨진 밥알처럼 뒹군다
>
> 더 이상 필 수 없는 꽃들로
> 하관(下官)을 장식하는 밤

자발머리없는 만담꾼들도
바닥의 깊이를 안다는 듯
혀를 차며 생선뼈를 챙긴다

바닥은 바닥이 알아보는 법
바닥이 서로 기대고 맞대어
서서히 몸을 일으킨다

맨발의 족적이 향불이 되어 타 오른다
부뚜막 같은 온기가 들불처럼 퍼져나간다
견고한 성체(聖體)가 되어 다시,
걸어 나오는 바닥

또 한 명을 보냈다

─「바닥」 전문

 강경아 시인에게 "고집 센 졸음들이 모여 사는" "바닥"은, 먼저 "누구나" "그 앞에선" "무릎을 꿇"지 않을 수 없는 "곳"이다. 모든 삶의 꿈이 "낙오의 시간이 딱딱하게" 굳어진 채 나뒹굴고 있는 "자리"가 "바닥"이다. 하지만 동시에 그 "바닥"은 그럼에도 불구하고 놓칠 수 없는 희망의 끈이 "악착"스럽게 "바짝 눌어붙어 떨어지지 않는" 삶의 거점이자 결국 "서로"가 "기대고 맞대어/서서히 몸을 일으"키는 대지다. 어쩌면 하찮은 "맨발의 족적이 향불이 되어 타 오"르고, 보잘것없는 "부뚜막 같은 온기가 들불처럼 퍼져나"가는 토대다. 급기야 정신적이고 육체적인 모든 것들이 해체된 파국의 자리가 아니라 되레 "견고한 성체(聖體)가 되어 다시,/걸어 나오는" 신성한 장소가 "바닥"이다.

최후의 순간에 지상을 떠나버린 아스트라이아와 달리 끝까지 지상에 남아 싸우는 '정의의 여신'이고자 하는 강경아 시인의 이번 시집에서 눈여겨볼 것은 바로 이점이다. 강경아 시인에게 '바닥'은 그야말로 모든 삶의 희망이 고갈된 끝장을 가리키지 않는다. 오히려 그 "바닥"은 온갖 무기력과 허무에 따른 가치방임의 세계가 "직파"한 '정의'의 씨앗이 뿌려진 구멍이자 복부다. 비록 기울어진 천칭을 바로 잡을 그 정의의 씨앗이 "발아"하기까지는 긴 길이고 "깊"은 "기다림"의 "시간"이 필요하지만, 바로 그 '바닥'이야말로 새로운 삶의 "떡잎"이나 정의 "새싹들"이 "하나둘 손을 잡고 자갈과 돌덩이를 밀어올"(「씨앗의 속도학」)리는 모태적 영토다.

그런 강경아 시인은 어느덧 "구멍이 숭숭 뚫린 검붉은 이파리"마저 "벌레에게 다 나눠주"며 "빈 들길을 걸어가는 어머니"(「고목(枯木)」)를 닮아 있다. 그러면서 결코 수직적 높이의 천상이 아닌 어느 존재든 예외 없이 수평을 이루는 "고요한 생의 모서리"(「어머니의 수첩」)로서 가장 낮은 '바닥'에서 "염화미소(拈花微笑)"를 한 채 "무한 인심(人心)"을 "기부 중"(「오땅 할아버지1」)에 있다. 아니면, 길잡이별도 사라진 세계 속에서 바다이야말로 정의가 온전하게 실현되는 곳이자 모든 "걱정 근심"이 "온데간데없이 사라지"는 "무아지경 별천지"(「주간보호센터」)라고 굳게 믿고 있는 중이리라.

 강경아 시인은 지금 "첫사랑을 닮"거나 "변방의 아랫목처럼 깊고도 푸른" "바다"가 있는 고향 "여수"(「여수」)에 산다. 여수는 그녀에게 어디까지나 "생의 가장 안전한" "비책(秘策)"과 "면역력"(「어머니의 수첩」)을 무한으로 제공하는 그저 "이름도 없이 피고 지는 사람들을" 애써 일깨우고 호명하는 일종의 "신전(神殿)"(「무등산」)이다. 행여 우리가 "벚꽃나무가 환하게 뻗어나가는 저녁" 그 여수를 방문하게 된다면 기울어진 천칭을 "만지작거리며" "옥상 달빛 지붕 아래/꼭꼭 숨"(「오땅 할아버지2」)어 있는 그녀를 우연히 만나게 될지도 모른다. 혹은 "이팝꽃이 화창하게 쨍쨍거리며/후두둑후두둑 떨어지는 그런 날", "온데간데없이 사라져버린" "오땅 할아버지"를 "코를 씩씩거리며 쫓아가는"(「오땅 할아버지3」) 그녀를 만나는 행운을

누릴지 모른다. 문득 "치명적인 독 하나 믿고 한계에 부딪힐 때마다 몸을 서너 배로 부풀려" 보지만, 실상 "그 흔한 독 하나 없는 복어"(「복어」) 같은 '정의'를 가꾸고 지켜가고자 하는 시의 여신을.

시인의 말

고목에서 다시 피어나는
목련꽃 한 송이처럼
길 잃은 발들의 조문객이 되고 싶었다

스스로가 별이 되고 눈물이 돼버린
그대가 있어서, 그대여야만 해서

뼈 아픈 한 시절
겁도 없이 시집을 또 낸다

직파된 언어들이 발아가 되어
잡초만 무성한 나의 시(詩) 밭에도
당신을 닮은 초록의 뿌리 내릴 수 있을까

2022년 가을
강경아

맨발의 꽃잎들

2022년 9월 16일 초판 1쇄 펴냄

지은이 _ 강경아
펴낸이 _ 양문규
펴낸곳 _ 詩와에세이

신고번호 _ 제2017-000025호
주　　소 _ (30021)세종특별자치시 조치원읍 충현로 159, 상가동 107-1호
대표전화 _ (044)863-7652
팩시밀리 _ 0505-116-7653
휴대전화 _ 010-5355-7565
전자우편 _ sie2005@naver.com
공 급 처 _ 한국출판협동조합
주문전화 _ (02)716-5616
팩시밀리 _ (031)944-8234~6

ⓒ강경아, 2022
ISBN 979-11-91914-26-9 (03810)

* 지은이와 협의하여 인지는 생략합니다.
* 이 책 내용의 전부 또는 일부를 재사용하려면 반드시 지은이와
  詩와에세이 양측의 동의를 받아야 합니다.
* 책값은 뒤표지에 표시되어 있습니다.
* 이 책은 2022년 전라남도, 전라남도 문화재단 지역문화특성화
  지원사업의 후원을 받았습니다.